BIOGRAPHIE

DE

LORD ERSKINE

Paris. — Typ. Rouge frères, Dunon et Fresné, rue du Four-St-Germain, 43.

BIOGRAPHIE

DE

LORD ERSKINE

DISCOURS

PRONONCÉ A L'OUVERTURE DE LA CONFÉRENCE DES AVOCATS

LE 8 DÉCEMBRE 1866

PAR

ALEXANDRE RIBOT

AVOCAT A LA COUR IMPÉRIALE

PARIS

ARMAND LE CHEVALIER, ÉDITEUR

RUE DE RICHELIEU, 61

1866

Monsieur le batonnier,

Messieurs et chers Confrères,

Vers la fin du siècle dernier, l'Angleterre n'avait point
achevé de conquérir les libertés qui ont fait sa grandeur et
sa sécurité. Son histoire présente même, à cette époque,
de singuliers contrastes : d'un côté, le parlement investi
d'un contrôle souverain, la royauté forcée de se soumettre
à des ministres responsables, la presse affranchie de la
censure et protégée par le jury, une liberté de réunion et
d'association presque sans limites; de l'autre, un roi qui
conspire tantôt contre ses ministres, tantôt contre le parlement, le parlement qui vient en aide au roi par sa corruption, la presse violente et injuste, réduite à se défendre
contre le parlement et les magistrats, la masse de la nation
livrée à l'ignorance et s'agitant confusément, des émeutes

terribles au milieu desquelles la liberté semble devoir périr.

Malgré ses vices et ses misères, cette époque n'est pas de celles dont l'histoire se souvient avec dédain. L'Angleterre était alors le peuple le plus libre de l'Europe et, depuis soixante ans, la morale et la liberté n'avaient cessé d'y faire des progrès.

La révolution française, qui devait aider au triomphe de la liberté dans le monde fit d'abord reculer la liberté anglaise ; mais l'Angleterre sortit de cette épreuve plus forte, mieux préparée aux réformes qu'elle devait accomplir et que l'avenir lui réserve encore.

C'est la nature qui fait les orateurs, en leur donnant une âme sensible et capable d'exprimer ce qu'elle sent, *mentem diviniorem et os magna sonaturum*. Mais, pour que l'orateur puisse répandre au dehors les trésors de son éloquence, il faut que de grands objets excitent son esprit, que la langue soit formée, puisqu'il n'a pas, comme l'écrivain, la ressource de la créer, qu'il parle enfin à des hommes préparés à goûter les beautés de l'éloquence. Un orateur a besoin surtout d'être aidé par ceux qui l'écoutent, car son rôle est de se mêler à la foule, d'y recueillir les émotions, les pensées encore vagues, de les purifier, de les concentrer et de les rendre à la foule tout achevées et marquées de son génie. N'est-ce point que, par un échange fécond et merveilleux, les auditeurs s'associent au travail de l'orateur et jouissent des applaudissements qu'ils lui décernent ?

Au dix-huitième siècle, se trouvèrent réunies en Angleterre les conditions qui devaient favoriser un magnifique

développement oratoire. Comme une terre longtemps re-
muée qu'échauffe un soleil bienfaisant, l'Angleterre, sortie
de deux révolutions et déjà parvenue à la liberté, produisit
une foule d'orateurs illustres, étonnés de se rencontrer dans
le même siècle. Ne voyez-vous pas que les orateurs se font
les uns les autres? La grande voix de Chatam n'est pas
encore éteinte; déjà l'âme ardente de Burke a jailli dans
d'admirables discours; Fox se lève, et le génie facile de
cet homme, qui a tout appris sans rien étudier, illumine
les débats du parlement. Shéridan fait briller les éclairs
de son éloquence; et bientôt l'Angleterre écoutera en silence un ministre de vingt-deux ans, dont une parole dé-
concertera ses adversaires : William Pitt !

Le barreau anglais n'avait point encore d'histoire. Où
est l'homme qui doit le premier faire retentir devant les
tribunaux la langue oratoire? Attendez-vous, messieurs, à
le voir bientôt paraître. Les débats judiciaires de cette
époque sont aussi vivants que ceux du parlement; l'Angleterre peut s'y contempler avec ses vices et ses grandeurs;
tous les événements y ont laissé leur trace. Au fond de ces
débats ne s'agite pas seulement le sort d'un obscur accusé, mais l'avenir même de l'Angleterre.

Dans l'antiquité, l'éloquence judiciaire était née, avait
grandi, était morte en même temps que l'éloquence politique. Dans les temps modernes leurs destinées, quoique
distinctes, demeurent étroitement unies; on croirait voir
deux compagnes inséparables qui se soutiennent mutuelle-
ment et dont l'une se refuse à briller quand l'autre est dans
la tristesse.

L'Angleterre se souvient qu'elle a vu dans le même

temps ses plus grands orateurs et le premier de ses avocats ; et nous, messieurs, aurions-nous oublié de quel éclat impérissable a brillé notre barreau dans les premières années de ce siècle ? La France, réconciliée avec la liberté, permettait à ses orateurs d'être éloquents.

Ç'a été le bonheur de Thomas Erskine qu'étant né avec de rares facultés il a pu les employer à la défense des idées libérales.

Son éloquence a transporté ses contemporains. Leur admiration s'est traduite sous toutes les formes. Les contemporains, je le sais, préparent à la postérité bien des déceptions et l'obligent souvent à douter de leur jugement. Cela est surtout vrai quand il s'agit de l'avocat. Telle est, hélas, la destinée de l'avocat, qu'après avoir remué par sa parole toute une génération, à peine il est connu de celle qui lui succède. La gloire de l'avocat est renfermée dans le temps où il vit, souvent dans la minute où il parle ; mais elle y brille d'un plus vif éclat. Heureux les hommes qui échappent à cette dure loi, et dont l'éloquence ne meurt point avec eux.

Le nom d'Erskine figure dans l'histoire de l'éloquence anglaise, à côté de ceux de Fox, de Burke, de Chatam, de Pitt et de Shéridan.

Au-dessus de son éloquence, les Anglais ont mis son courage, sa fermeté et cet amour désintéressé de la liberté qui respire dans tous ses discours.

Je les louerais, messieurs, de cette préférence, si je pouvais me résoudre à séparer l'homme de l'orateur et si je ne pensais que cet amour même de la liberté est une partie de son talent. Le tempérament d'Erskine était, pour ainsi dire, de se passionner pour la liberté, de voir le bien qu'elle produit plus que les maux qu'elle entraîne, de la défendre toujours, aux dépens même de sa fortune.

Il devait saluer la révolution française avec enthousiasme, la venger des jugements de ses ennemis, ne point prévoir ses fautes et ses violences et, après avoir connu les tristesses que la France impose à ses admirateurs, ne point désespérer de l'avenir politique de notre pays.

La mémoire de cet homme de bien éloquent mérite donc à un double titre de nous être chère.

Ne craignez pas, messieurs, que je dérobe à nos gloires domestiques une part de l'admiration qui leur est due. Puis-je oublier que ces vertus que je loue dans Erskine ont toujours fait la gloire de notre barreau? J'en veux attester l'Angleterre elle-même, si fière de ses grands hommes ; ne l'a-t-elle point déclaré naguère par la bouche d'un de ses plus illustres orateurs? Ç'a été, messieurs, un beau spectacle de voir les représentants des barreaux de France et d'Angleterre affirmer que les avocats de deux pays, si divers par leurs mœurs et leurs institutions, se gouvernent néanmoins par les mêmes principes et s'honorent par les mêmes vertus. Erskine, vous le savez, fut comparé au plus vénéré de nos maîtres, et par cette comparaison il a été mieux loué que par toutes mes paroles.

La grandeur même de mon sujet m'oblige à passer rapidement sur les premières années d'Erskine.

Il naquit à Édimbourg, le 10 janvier 1750. Sa famille était noble et illustre ; mais, réduite à une grande pauvreté, elle avait été forcée de quitter le vieux manoir féodal. Le sentiment religieux, qui fut développé de bonne heure dans l'âme d'Erskine par les leçons de sa mère, est devenu un caractère de sa vie et de son talent. A quatorze ans, il fut embarqué sur un vaisseau de la marine royale, navigua pendant quatre ans sur les côtes de l'Inde et de l'Amérique, revint en Angleterre et acheta une commission dans le régiment d'un de ses compatriotes, le duc d'Argyll. Il épousa, étant âgé de vingt ans, la fille d'un membre du parlement anglais, et l'emmena dans l'île de Minorque, où était son régiment. Il travaillait avec ardeur. Comme il savait mal le latin et n'avait point appris le grec, il fut privé de ces pures jouissances et de ces fortes leçons qu'on trouve dans l'étude de l'antiquité. Mais il lisait, relisait et savait presque par cœur Shakspeare et Milton, dont les discours, au jugement de lord Brougham, « sont les mieux faits pour remplacer les immortels chefs-d'œuvre de la Grèce. »

Dans la petite ville où il tenait garnison, s'ouvrirent les assises. Le président, lord Mansfield, un des magistrats les plus célèbres de l'Angleterre, fit placer Erskine à ses côtés. Les avocats plaidèrent comme on plaidait à cette époque, avec science, mais sans aucun agrément. Erskine se persuada qu'il pourrait plaider mieux qu'eux. Aussitôt il prit une résolution hardie, quitta son régiment, vendit son patrimoine et se fit inscrire comme étudiant à Lincoln's inn et à l'université de Cambridge.

La Bruyère a dit : « La guerre et le barreau se ressemblent en un point, c'est que les risques y sont plus grands qu'ailleurs et la fortune plus rapide. » Pourquoi La Bruyère n'a-t-il rien dit du courage, qui est cependant une vertu dont s'honorent les avocats?

Erskine étudia la jurisprudence pendant trois années, moins dans les livres qu'à l'audience, suivant la coutume anglaise. Il s'attacha à un avocat nommé Buller, que distinguait un rare talent d'argumentation, et qu'il devait retrouver bientôt sur le siége du magistrat.

Il fut admis à la barre en 1778, et plaida pour la première fois au mois de novembre de cette année.

Un vieux marin, le capitaine Baillie, sous-gouverneur de l'hôpital maritime de Greenwich, avait dénoncé de graves abus que lord Sandwich, premier lord de l'amirauté, tolérait et encourageait ; des hommes étrangers à la marine avaient été, au mépris des règlements, introduits dans l'hôpital pour favoriser le succès d'une élection politique. On n'écouta pas le capitaine ; il publia un mémoire et fut destitué. Lord Sandwich voulut se consoler d'avoir tort en faisant dire par la justice qu'il avait raison. N'osant pas attaquer directement le capitaine, il persuada à des agents subalternes qu'ils avaient été diffamés. La Cour du Banc du roi, saisie d'une plainte, invita le capitaine à se justifier.

Dans un dîner, où se trouvèrent réunis sans se connaître le capitaine et Erskine, celui-ci parla avec feu, indignation, éloquence même, de la conduite de lord Sandwich. Le capitaine était ravi ; aussi, quoiqu'il eût déjà quatre défenseurs, il se hâta de leur adjoindre ce jeune homme dont l'ardeur éclatait dans toutes les paroles.

Le procès eut lieu. On entendit les quatre avocats. L'indisposition de l'un d'eux força le président lord Mansfield de remettre au lendemain la plaidoierie d'Erskine. La nuit se passa pour Erskine dans une fiévreuse anxiété. Lord Mansfield était lui-même inquiet de voir ce jeune homme, auquel il s'intéressait, débuter dans une affaire qui occupait si vivement l'opinion publique. Erskine, avec une modestie grave et beaucoup de fermeté, démontra la nécessité d'insister plus fortement que n'avaient fait ses confrères. Il justifia le capitaine, rendit hommage à son courage, s'indigna de l'effronterie des accusateurs, « effronterie à peine croyable pour un homme qui ne serait point accoutumé à observer les honteux exemples que donne chaque jour le siècle pervers où nous vivons. » On écoutait avec admiration ; l'étonnement fut au comble lorsque, après avoir écrasé de son dédain les auteurs de ce procès, Erskine osa en dénoncer l'agent invisible et nommer lord Sandwich ; Mansfield voulut l'arrêter : « Lord Sandwich, dit-il, n'est pas en cause. — Je le sais, répondit Erskine, et c'est pourquoi je veux l'y mettre. » Et il acheva de montrer que lord Sandwich ne pouvait échapper à la honte qu'en restituant au capitaine ses fonctions ; il termina en adjurant la Cour de se souvenir de son devoir.

L'émotion qui s'empara de l'auditoire, des avocats, des juges eux-mêmes, je renonce à la décrire. C'était une chose inouïe qu'un jeune homme parlant pour la première fois devant la plus haute Cour du royaume, eût osé flétrir un ministre et résister au président. Ce langage éloquent était aussi une nouveauté. Le capitaine fut acquitté. Erskine seul, au milieu de l'admiration générale, n'était pas surpris. On lui demanda d'où lui était venu tant d'éloquence ; il répondit : « Je pensais à mes petits enfants et je croyais les entendre dire : il est temps de nous donner du pain. »

Erskine fut donc célèbre, aussitôt qu'il eut parlé. Il n'eut pas le temps d'accoutumer ses yeux à ces premiers rayons de la gloire qui, suivant l'expression charmante de Vauvenargues, sont plus doux que les premiers rayons du soleil levant. Il s'empara brusquement de l'admiration de ses contemporains.

Désormais dans cette vie, chaque succès sera un triomphe dont la justice et la liberté pourront se réjouir. L'historien, qui écrit le récit de ces temps agités et glorieux, ne peut s'empêcher de rendre hommage à la mémoire d'Erskine. Et moi, qui dois vous raconter sa vie, je me vois forcé d'écrire l'histoire de l'Angleterre ; car je découvre qu'il m'est impossible de séparer Erskine des événements auxquels sa vie a été si activement mêlée.

Si vous pouviez croire que la liberté fut, en Angleterre, la tardive récompense d'une longue tranquillité, si, abusés par de dangereuses leçons, vous pouviez penser que, pour instruire un peuple à la pratique des institutions libres, il suffit de l'en priver, je vous dirais : Regardez l'histoire de l'Angleterre. A toutes les époques, le peuple anglais a essayé violemment d'imposer sa volonté au roi, aux ministres, au parlement lui-même. De sanglantes émeutes ont encore marqué le commencement du règne de Georges III. Cependant l'agitation populaire commence à se modérer et acquiert par là plus de force. La liberté, messieurs, finit toujours par se régler. « La liberté c'est l'ordre, » a dit un jour Fox. Voyez, en effet, comme au temps d'Erskine s'organisent ces vastes associations politiques, ces réunions immenses où le peuple vient prendre conscience de ses droits et de sa dignité, où se sont discutées les plus graves questions politiques, où Fox et Pitt lui-même ont conquis leur popularité et la force de diriger cette multitude. Croyez-vous que si le parlement, qui voyait s'élever ce pouvoir rival du sien, eût essayé de l'étouffer, l'Angleterre serait aujourd'hui de tous les peuples de l'Europe le plus libre et le plus réglé dans ses entreprises? Non, messieurs. C'est par la pratique de la liberté que l'Angleterre apprit, au siècle dernier, à modérer ses impatiences et qu'elle est devenue capable d'étonner l'Europe par sa sagesse. Cette sagesse tant vantée n'est qu'une suite de la sagesse de son gouvernement.

Mais les associations pouvaient être dangereuses au sein d'une société violente, encore pleine de passions et de préjugés. On le vit en 1780. Le parlement avait aboli certaines pénalités atroces contre les catholiques. En Écosse, le fanatisme aveugle se souleva contre la justice et l'humanité. L'agitation passa en Angleterre; de nombreuses associations couvrirent le pays. Elles étaient présidées par lord Gordon, un homme qui flattait le peuple en le méprisant et semblait ignorer que c'est un crime d'exciter des passions qu'on n'est pas maître de diriger. Il convoqua les membres de ces associations et fit décider qu'une pétition serait portée aux chambres par quarante mille protestants. Le 2 juin, la foule assiégea Westminster, mit en danger la vie de plusieurs représentants; n'ayant pas réussi à intimider le parlement, elle se jeta dans les rues de Londres, détruisit les églises catholiques, brûla la maison de lord Mansfield et commit d'effroyables excès. Les ministres laissèrent, par faiblesse, grandir l'émeute ; puis, comme il arrive d'ordinaire, ils se crurent obligés d'être sévères, parce qu'ils avaient été imprévoyants.

Gordon fut mis à la Tour et accusé de haute trahison. Sa conduite avait été coupable. Mais il n'avait pas voulu renverser la constitution ; il n'avait point prévu les suites de sa funeste imprudence, il avait même aidé les magistrats à calmer la fureur populaire. Cependant l'irritation et la peur étaient grandes : sa vie courait de graves dangers.

Erskine comprit que dans un tel procès la personne de l'accusé disparaissait et que la société entière serait frappée par une condamnation.

C'est en vain, messieurs, qu'on voudrait arrêter les progrès d'une doctrine arbitraire et fatale à la liberté, si l'on n'a pris soin d'en combattre les dangereux commencements. En accusant Gordon de haute trahison, le ministère faisait violence à la loi ; il essayait d'étendre le crime de haute trahison en dehors de ses limites légales. Cette doctrine des trahisons constructives, pour parler comme les Anglais, était une arme dont il serait facile plus tard d'abuser. En 1704, pendant la réaction que provoqua la Révolution française, cette doctrine reparut, fortifiée par la peur des uns, par la folie des autres. Erskine la combattit encore et, s'il eut l'honneur d'en triompher, c'est parce qu'en 1780, en défendant Gordon, il n'avait point permis à cette doctrine de s'affermir par une première victoire.

Le plaidoyer pour Gordon est considéré par les Anglais comme l'exposition la plus claire, la plus complète et la plus magistrale des lois anglaises sur la haute-trahison, ces lois qui entourent l'accusé de plus de garanties que

dans les accusations ordinaires, parce qu'il a plus d'ennemis, qui veulent que son crime soit établi par les preuves
les plus fortes et les plus décisives. Nulle part, comme a
dit Erskine, la sagesse du peuple anglais ne s'est mani-
festée d'une manière plus évidente. Les crimes ordinaires
peuvent être définis avec précision ; il est rare que le gouvernement ait intérêt à en étendre l'interprétation. Mais
quand il s'agit de procès politiques, l'histoire de tous les
pays et de l'Angleterre elle-même a prouvé que l'arbitraire dégénère en violence et qu'il faut protéger l'accusé
par des lois précises et rigoureusement interprétées, non-
seulement contre la haine, mais aussi contre la vertu des
juges.

Quand on songe que la force du plaidoyer d'Erskine est
dans l'enchaînement des propositions, qu'Erskine n'a
voulu omettre aucun argument, aucun précédent ; quand
on se souvient que ce plaidoyer, malgré sa longueur et la
sévérité de ses déductions juridiques, fut écouté et compris
par les jurés, on reconnaît sans doute le talent de l'avocat
qui sait élever ses auditeurs à la hauteur de sa raison ; mais
on ne peut s'empêcher d'admirer la puissance d'une institution qui, en appelant les citoyens sur le siége du juge,
semble leur donner un surcroît d'intelligence et de vertu
pour accomplir leurs difficiles fonctions.

Vous remarquerez l'énergie des reproches qu'Erskine
adresse aux officiers de la couronne ; il va presque à
l'invective :

« Qu'a-t-elle produit cette accusation de haute-trahison?
sinon le renversement de tous les principes de justice,
puisqu'on a voulu vous faire juger par les conséquences,

au lieu de juger par les intentions... Combien n'est-il pas indigne d'un chrétien de vouloir, sans preuves, faire illusion à des hommes qui ont juré de juger avec calme et désintéressement !... Fi donc ! n'est-ce pas souiller le sanctuaire de la justice ? Veulent-ils donc nos accusateurs, tandis que vous prêtez l'oreille aux dépositions des témoins, les rattacher en dépit de la vérité à des conséquences imprévues ?... Si tel est leur dessein, puisse le ciel leur pardonner et vous inspirer assez de force et de sagesse pour accomplir votre devoir avec un esprit calme et réfléchi ! »

Ailleurs, se rappelant le secours que Gordon a prêté aux magistrats pour réprimer l'émeute, il s'écrie : « J'en atteste Dieu, il n'y a qu'un misérable qui puisse encore trouver dans une conduite aussi loyale la preuve d'une trahison. »

Cette invocation du nom de Dieu parut une hardiesse dans la bouche d'un avocat. De telles invocations ne sont pas rares dans les plaidoyers d'Erskine. Vous n'en serez pas surpris, si vous vous souvenez qu'il parlait devant des hommes profondément imbus des idées religieuses. En parlant à ces hommes, Erskine avait deux arguments décisifs : cela est contraire à la loi, ou bien cela est indigne d'un chrétien.

L'exagération passionnée que vous avez cru surprendre dans le passage que je vous ai lu et qui est si familière aux orateurs de cette époque, à Burke, à Fox, à Pitt lui-même, n'est pas un caractère habituel de l'éloquence d'Erskine. M. Villemain a dit, avec vérité, que le sentiment religieux était pour Erskine la source d'un pathétique grave et doux.

Il a appelé Erskine le Fénelon des avocats. C'est par où, en effet, son éloquence se distingue tout à la fois de celle des anciens et de celle de ses contemporains : il sait allier aux sentiments énergiques et fiers d'un citoyen la tendresse, l'humanité d'un philosophe, disons-mieux, d'un chrétien.

Ecoutez-le, dans ce même plaidoyer pour Gordon :

« Vous avez entendu quelles sont les lois sur le crime de haute-trahison, d'abord en théorie, puis dans leur application aux faits généraux de cette cause ; je vous les ai expliquées avec autant de sincérité que si je vous eusse adressé la parole du haut de ce banc où siégent les juges, et sous la foi du serment. Oui, je vous le déclare, en présence de ce grand Dieu devant qui nous comparaîtrons tous, j'ai repoussé loin de moi toutes les subtilités d'un avocat ; je me suis conduit comme un véritable chrétien instruisant ses frères à rendre la justice ; si j'ai égaré votre ignorance, mon ignorance est incurable, car je n'ai épargné ni peines ni soins pour l'éclairer ; je ne me suis pas obstiné dans mes opinions ; mais avant de revenir sur aucune de celles que j'ai professées aujourd'hui devant vous, il faudra qu'on me produise quelque décision qui les contredise directement, car la loi anglaise ne fléchit point devant de simples théories. Ainsi, à moins que vous n'entendiez réfuter ce que je dis, non par de vagues doctrines, mais par une série de précédents applicables, si vous voulez dormir en paix, suivez-moi. »

Erskine s'élève sans effort à cette impartialité qui me paraît être l'équilibre d'une âme bien réglée et que notre siècle confond trop aisément avec l'indifférence, refuge des âmes faibles. Il ne s'effraye point de la hardiesse du langage, il ne se croit point obligé de mesurer ses paroles avec autant de soin que ses actions ; parlant à des hommes libres, il répudie les ménagements que conseille une vaine prudence ; il s'indigne ouvertement du mal ; il mépriserait les hommes qui se croiraient vertueux parce qu'au fond du cœur ils osent ne point préférer le vice à la vertu (1).

J'avoue, messieurs, que je suis pressé de vous raconter la lutte mémorable qu'Erskine a soutenue pour défendre les droits des écrivains et revendiquer en leur faveur la compétence du jury. C'est l'une des plus belles pages de cette vie si bien remplie.

La presse fut regardée en Angleterre, dès qu'elle parut, comme l'ennemie de toute autorité, la destruction de tout ordre établi et la source de toutes les erreurs. Que d'efforts, que de luttes, que de sang il a fallu pour que le gouvernement se résignât à souffrir patiemment ses attaques, à mépriser ses violences, à reconnaître enfin le secours qu'il en pouvait tirer ! Erskine a donné la raison de cette défiance presque incurable des gouvernements :

« Les autres libertés existent sous la sanction des gouvernements, mais la liberté de l'opinion tient les gouvernements eux-mêmes dans une juste sujétion à leurs devoirs. Ceci a produit le martyre de la vérité dans tous les siècles ; et le monde n'a été purgé de l'ignorance que par le sang innocent de ceux qui l'ont éclairé (2). »

(1) Gordon fut acquitté.
(2) Plaidoyer pour Thomas Paine.

Dans cette lutte entre la presse et le pouvoir qui déploya plus de violence et d'injustice? il serait malaisé de le dire. La presse, tombée aux mains des écrivains les plus vils, a peut-être une excuse dans les violences mêmes dont elle a souffert.

La lutte a duré jusqu'à la fin du dix-huitième siècle. Vous en pourrez lire, dans les plaidoyers mêmes d'Erskine, l'histoire instructive et attachante. Vous verrez d'abord l'Église et la royauté s'unir pour établir la censure et le redoutable tribunal de la Chambre étoilée qui rappelle l'inquisition, la révolution de 1640 qui se fait au nom de la liberté et qui maintient contre la presse les rigueurs du despotisme, le rétablissement de la chambre étoilée sous les derniers Stuarts, l'opinion publique qui s'éveille, le jury réclamé comme le droit de tout Anglais dont les écrivains mêmes ne peuvent être privés, l'abolition des tribunaux d'exception ; les tentatives du gouvernement pour avilir ce qu'il est désormais impossible de détruire, la violence exercée contre le jury ; la révolution de 1688 qui proclame enfin la liberté, la peur prompte à renaître, le parlement qui voit partout des offenses et qui s'érige en juge, les peines sévères, parfois atroces prononcées contre les écrivains.

Au temps où vivait Erskine, la presse avait beaucoup grandi en influence et en moralité ; mais elle était encore violente comme la société dont elle est l'image. C'est la prétention des gouvernements d'interdire la violence aux écrivains, pour s'en réserver le privilége : prétention chimérique autant qu'injuste, car c'est en vain qu'on voudrait trouver dans les écrits la modération qui manque dans les actes. Le jury s'était relâché par degrés de sa sévérité; le gouvernement commençait à se demander si contre les excès de la presse le meilleur remède ne serait pas de les souffrir en silence. Cependant les procès étaient encore nombreux.

Quel fut dans cette lutte le rôle de la magistrature?

Elle partagea les frayeurs du pouvoir dont elle était l'alliée naturelle; l'influence qu'elle avait conquise par son intégrité, l'autorité qu'elle exerçait sur les esprits, elle en usa dans l'intérêt du gouvernement et même, pour le mieux défendre, elle mit parfois à son service de dangereuses inventions.

Elle avait en effet réussi à s'emparer du jugement des procès contre les écrivains et à supprimer la juridiction du jury tout en paraissant la respecter.

On connaîtrait mal la nature humaine, si l'on s'étonnait que des magistrats, nommés par le pouvoir, et qui se croyaient responsables de sa sécurité, aient employé toutes leurs forces à étendre leur juridiction. Ils ne voulaient pas détruire la liberté; mais l'expérience ne leur avait pas appris que, chez un peuple qui veut être libre, il faut que l'opinion publique se corrige elle-même. Par habitude de s'élever au-dessus des intérêts privés, ils se croyaient au-dessus des partis et les médiateurs naturels entre le gouvernement et la nation. Plusieurs d'entre eux ont mérité que leur nom demeurât cher aux Anglais et que leur vie fût citée en modèle. Si on cherche quelle vertu leur a manqué, on ne trouve pas que ce soit l'intégrité ni même l'indépendance, il leur a manqué de vivre à une époque où les droits de la nation fussent mieux définis.

Je ne sais si l'on a eu raison de reprocher dans tous les temps aux légistes leur subtilité ; mais les Anglais, qui pensent que nos légistes, ont par l'étude trop exclusive du droit romain, habitué leurs esprits à cette flexibilité sophistique, devraient se souvenir que l'imagination des légistes n'a pas été moins ingénieuse dans leur pays que chez les peuples du continent.

Le jugement par jurés s'applique en Angleterre à tous les procès. On a distingué le fait et le droit. Dans les procès civils cette distinction, outre qu'elle est indispensable, ne présente guère de dangers. On ne s'est jamais plaint qu'en ces sortes de procès les juges défendissent avec trop de rigueur leur juridiction contre les empiètements du jury. Mais dans les procès criminels, on vit que tout serait livré à l'arbitraire du juge et l'accusé privé de sa meilleure garantie, si le jury ne demeurait maître du procès tout entier, si le juge pouvait, sous prétexte de caractériser les faits reconnus par le jury, apprécier l'intention criminelle. On établit donc que l'accusé aurait droit de s'en remettre à la décision du jury par des conclusions générales. Le jury peut sans doute, quand il est embarrassé, remettre à la Cour la solution d'une question juridique ; mais c'est du jury que la Cour reçoit cette question, elle ne peut d'elle-même s'en emparer.

Ces principes, dont la sagesse vous paraîtra sans doute évidente, furent mis en oubli dans les procès où leur application était le plus nécessaire : je veux parler des procès contre les écrivains. Les magistrats entreprirent de persuader au jury qu'il devait seulement examiner si l'accusé était l'auteur de l'écrit poursuivi. Quant à la question de criminalité, c'était une question que le jury n'avait ni mission, ni capacité de trancher. Cette doctrine avait été précisée, avec une clarté saisissante en 1770, par lord Mansfield, lors du procès qui suivit la publication des lettres de Junius.

Lord Mansfield disait que l'écrivain trouverait plus de garanties dans l'appréciation des juges d'Angleterre que dans celle de douze jurés pris au hasard, n'ayant aucune expérience de ces procès, ne possédant aucune règle certaine qui leur permît de distinguer un pamphlet injurieux d'un ouvrage honnête et innocent. Il ne voyait pas que cette règle n'existe pas davantage pour des juges investis d'une juridiction permanente. Ce n'est pas seulement en défiance des magistrats que le jury a reçu, en Angleterre, la mission de juger les écrivains ; mais parce qu'il est bon, utile, nécessaire que l'opinion publique soit forcée de s'interroger elle-même et de déclarer si elle se sent plus forte, mieux capable de résister à des attaques contre les lois ou la constitution qui, la veille, semblaient dangereuses et demain peut-être passeront inaperçues.

Dans le parlement, lord Camden, Burke, démontrèrent avec force les dangers dont la presse était menacée. Junius adressa à lord Mansfield une de ses lettres les plus menaçantes. Lord Rockimgham écrivait : « Celui-là serait le meilleur ami de la postérité qui voudrait réellement aider à rétablir et à confirmer le droit qu'a le jury de juger à la fois en fait et en droit. » Mais le parlement ne pouvait se résoudre à condamner la doctrine des magistrats. Le jury avait parfois protesté contre les restrictions qu'on voulait lui imposer ; le plus souvent il s'était résigné. Dans cette docilité vous croirez, peut-être avec raison, découvrir non une marque de servitude, mais un trait du respect admirable des Anglais pour la loi. Le magistrat parlait ; ils croyaient entendre la loi, et ils aimaient mieux sacrifier leur jugement que de désobéir au magistrat.

Erskine a lutté résolûment contre cette doctrine. Tant que l'Angleterre sera libre, elle se souviendra du service qu'elle a reçu de lui. Erskine le savait. Aussi, quand il obtint des titres de noblesse, écrivit-il sur ses armes cette devise, qui lui rappelait un de ses plus beaux triomphes et qui est demeurée célèbre : *Trial by jury*, jugement par jurés.

Il ne se dissimulait pas ce qu'avait de difficultés une telle entreprise ; il n'espérait pas détruire dans l'esprit des juges une opinion qui leur paraissait consacrée, moins par l'ancienneté que par la nécessité ; « mais je voulais, a-t-il dit, exposer au mépris public les doctrines exposées publiquement, comme étant la loi, par lord Mansfield, et exciter, s'il était possible, l'attention du parlement sur un sujet si intéressant pour la liberté de l'Angleterre. »

L'affaire du doyen de Saint-Asaph est célèbre dans les annales judiciaires de l'Angleterre. Après la fin désastreuse de la guerre d'Amérique, le moment semblait venu de travailler à la réforme du parlement. William Pitt proposa un bill. Un avocat distingué, sir William Jones, fit un écrit pour expliquer au peuple le mécanisme de la constitution anglaise. Shipley, doyen de Saint-Asaph et beau-frère de sir Jones, fut poursuivi pour avoir aidé à la publication de cet écrit.

Dans sa défense, Erskine réclama énergiquement que le

jury fût seul appelé à se prononcer sur l'intention criminelle. Le président était Buller, l'ancien patron d'Erskine. Il s'étonna qu'un avocat eût osé soutenir un paradoxe condamné par l'opinion unanime des magistrats. Embarrassé, le jury répondit que l'accusé n'était coupable que du fait de publication. Sur la portée de ce verdict, un vif débat s'engagea aussitôt entre le président et Erskine. Le juge, irrité d'être contredit : « Asseyez-vous, monsieur, et ne me forcez pas d'user d'autres moyens pour vous rappeler votre devoir. — Je connais mes devoirs comme Votre Seigneurie connaît les siens, » répondit Erskine, et il continua d'insister avec énergie, mais sans succès. De telles discussions sont devenues extrêmement rares en Angleterre. Les juges croient, avec raison, que leur dignité est mieux gardée par une familiarité digne que par le dédain ou la rudesse. Les avocats s'habituent à entourer de leurs respects l'homme qu'ils ont vu sortir de leurs rangs et qui, sur le siége du magistrat, fait briller encore les vertus de l'avocat. On jugea en cette occasion qu'Erskine avait défendu avec fermeté et convenance les droits du barreau.

Erskine, sans se décourager, porta l'affaire devant la Cour du Banc du roi, soutint que le jury avait été mal dirigé, demanda un nouveau jugement. C'est dans ce plaidoyer qu'il a le mieux montré les rares qualités de son argumentation, la clarté, l'art de ne point oublier les détails, de les ramener à quelques points principaux, de retenir longtemps l'attention sans jamais la fatiguer.

On a remarqué, messieurs, que l'avocat anglais emprunte plus volontiers ses arguments à la tradition ; qu'au contraire, l'avocat français ne néglige jamais de dire sa pensée sur toutes les questions (1). Erskine savait concilier ces deux méthodes. Il recherche et discute avec un soin extrême les précédents, mais il ne croit pas que sa tâche soit terminée ; il prétend trouver les raisons de l'institution du jury, il les cherche dans la nature même des choses, et il les expose avec tant d'autorité que l'esprit ne peut plus les oublier.

Il compare les procès civils et les procès criminels, prouve qu'il n'y aurait aucune sécurité si, dans les procès criminels, l'autorité du jury pouvait être limitée par celle des magistrats, et découvre, avec une raison supérieure, que cette limitation serait surtout dangereuse dans les procès contre les écrivains.

« Dira-t-on que la presse est libre, parce qu'on peut imprimer sans un permis préalable, si l'écrivain peut être poursuivi par une information de l'attorney général, sans l'intervention du grand jury, condamné par le jury de jugement, sur le simple fait de publication, et que son sort dépende ensuite de juges, soutiens nécessaires de cette administration que le défendeur attaque et qui doivent ou le condamner ou se condamner eux-mêmes ? »

Les différences qui séparent les procès criminels ordinaires de ces procès, où tout est nécessairement livré à l'arbitraire, sont analysées avec précision. Un procès politique ne ressemble pas à une affaire de meurtre « où la vie de l'accusé ne dépend point des opinions morales, philosophiques des juges sur la nature de l'homicide, où le pré-

____

(1) Voir, dans le livre de M. de Tocqueville, *la Démocratie en Amérique*, le chapitre consacré aux légistes.

venu condamné l'est sur les mêmes règles que ceux jugés avant lui, où c'est la loi et non le juge qui condamne. »

Il fallait de la hardiesse pour déclarer aux magistrats que leur justice était moins éclairée que celle du jury. Il fallait du courage pour ajouter que leur justice, fût-elle éclairée, ne saurait être impartiale. C'est ce que fit Erskine. Mais il se hâta de rassurer les magistrats sur les dangers de confier aux jurés la défense des institutions nationales. Il fit voir que l'intérêt, ce premier mobile des actions humaines, les porterait plutôt à la sévérité qu'à l'indulgence. « Ce ne serait qu'autant que l'orgueil du peuple anglais se trouverait abaissé par des doctrines pareilles à celles que je combats, qu'il aimerait mieux se trahir lui-même en acquittant un coupable que d'abandonner les droits qui peuvent seuls protéger l'innocence au jour du danger. »

Ce plaidoyer, a dit Fox, est la plus belle argumentation qui existe dans la langue anglaise. Il fut écouté avec admiration ; mais ces craintes, qu'Erskine avait si fortement exprimées, parurent à lord Mansfield « une déclamation puérile. »

Cependant Erskine avait réussi ; l'opinion publique était éveillée. Bientôt le jury protesta par des acquittements. En 1791, Fox présenta un bill qui fut voté et qui déclara que les magistrats s'étaient trompés. En vain, les juges prédirent avec tristesse « la confusion et la destruction de la loi d'Angleterre. » Eux-mêmes furent bientôt forcés de reconnaître que, suivant la promesse d'Erskine, le gouvernement était mieux défendu, depuis que les droits du jury avaient été mieux reconnus. En servant la liberté, Erskine avait servi les intérêts légitimes du pouvoir. C'est un heureux pays, messieurs, que celui où la patience n'est pas moins nécessaire que le courage et où la liberté ne triomphe des gouvernements que pour les affermir !

Je me résignerais à ne vous rien dire de la belle défense que fit Erskine pour le libraire Stockdale, s'il ne s'agissait encore des droits de la presse et si je ne devais saisir une occasion de marquer un trait original du talent d'Erskine.

L'Angleterre assistait avec émotion au procès de Warren-Hastings qui « méritait l'indignation et la reconnaissance (1), » qui avait mis au service d'une compagnie de marchands l'énergie, l'habileté, la persévérance, la cruauté d'un proconsul romain. Il avait des apologistes. Stockdale publia un pamphlet où la Chambre des communes était maltraitée. Sur la proposition de Fox, la Chambre demanda que des poursuites fussent dirigées contre Stockdale.

Erskine le défendit. Excité par le spectacle dont il était e témoin, tout plein de l'émotion qu'avait jetée dans les cœurs l'éloquence de Burke et de Shéridan, il déploya les plus brillantes qualités de son génie. L'imagination pathétique, l'abondance des descriptions, ce qu'on a appelé la poésie de l'éloquence déborde de ce plaidoyer.

Ne voulant pas justifier des crimes qu'il détestait, il osa chercher les vrais coupables, interroger les instructions qu'Hastings avait reçues et déclarer qu'il était ridicule de vouloir assujettir aux règles de la justice et de l'humanité une domination fondée sur la violence et la terreur. Nous sommes devant un jury anglais, et c'est un avocat anglais qui flétrit en ces termes la domination dure, cupide de l'Angleterre :

(1) M. de Rémusat. — *L'Angleterre au XVIIIe siècle.*

« De quel front ose-t-elle affecter l'indignation contre ceux qui n'ont fait qu'exécuter ses ordres, disputer de l'exacte mesure de méchanceté nécessaire à leur exécution, ne voyant d'immoralité que dans leur excès et considérant l'autorité qu'elle délègue comme une dispense d'obéir aux préceptes de la justice divine, dont l'infraction ne lui paraît punissable qu'autant qu'on a transgressé ses règlements humains ? »

La discussion juridique n'est ni moins hardie, ni moins éloquente. C'est une doctrine aujourd'hui reconnue en Angleterre qu'il faut considérer l'ensemble d'un écrit et rechercher l'intention de l'écrivain. Quand la pensée générale de l'œuvre est honnête, on pardonne à l'écrivain les paroles trop vives que lui arracha le besoin de marquer fortement sa pensée. Au temps où vivait Erskine, cette doctrine n'était pas solidement établie.

Avec quelle force ne fut-elle pas défendue ? Comme Erskine sut démontrer que, si le jury était forcé de vouer à une condamnation l'auteur d'un éloquent ouvrage qui aurait laissé tomber quelques paroles imprudentes, la liberté de la presse ne serait qu'un vain mot !

« On ne se hasarderait plus à écrire sans un procureur d'un côté et un avocat de l'autre... Plus de ces écrits sublimes sur la nature du gouvernement par le secours desquels se sont établies toutes les nations de l'univers ; plus de ces utiles applications qui, dans les moments difficiles, ramènent la constitution elle-même à ses véritables principes ; sous l'empire de cette terreur, toutes les grandes lumières de la science et de la civilisation s'éteindraient bientôt. »

« Il est de la nature de toutes les choses grandes et utiles, soit dans le monde physique soit dans le monde moral, d'avoir en elles je ne sais quoi de sauvage et d'irrégulier ; il faut les accepter avec leurs défauts ou s'en priver... La tempête renverse nos demeures, détruit notre commerce, mais elle chasse les éléments paresseux qui sans elle enfanteraient la contagion ; ainsi la liberté, le dernier et le plus beau des dons que le ciel a fait à ses créatures, veut être acceptée telle qu'elle est. Vous pouvez la soumettre à une honteuse régularité, la plier aux formes rigoureuses d'une loi sévère ; mais alors elle ne sera plus la liberté et il faudra vous résoudre à expirer sans murmure sous le poids de cette inexorable justice que vous aurez échangée contre la bannière d'une sage indépendance. »

Dans le même plaidoyer se trouve un morceau devenu classique en Angleterre. Le chef d'une tribu sauvage se lève pour revendiquer dans un langage mâle et poétique le droit de vivre et de mourir en paix sur le sol où Dieu l'a fait naître. Il y a des beautés auxquelles ma main indiscrète ne pourrait toucher sans les décolorer. Fussé-je capable de saisir toutes les délicatesses de la langue anglaise, d'en écouter les sévères harmonies, je me sentirais impuissant à vous traduire mes impressions.

Après avoir comparé ce morceau aux plus belles inspirations de l'antiquité, lord Brougham reconnaît à Erskine le mérite singulier d'avoir toujours su écarter de ses discours ce qui n'aurait servi qu'à faire briller son talent, et de s'être souvenu que, pour commander aux esprits, l'avocat doit résister à son propre génie.

On ne comprend bien la valeur de cet éloge, qu'après avoir lu les discours des contemporains d'Erskine, de Curran par exemple, qui, sans égaler Erskine, a mérité par son courageux dévouement aux idées libérales et sa puissante éloquence, de lui être comparé. Curran était Irlandais. Vous savez quelle séve un peu jeune et un peu âpre circule dans les discours des orateurs irlandais. Le génie d'une nation malheureuse s'est peint dans l'éloquence de tous ses enfants.

Les descriptions animées, pittoresques, jaillissaient de l'imagination de Curran comme d'une source intarissable. « Il y a plus de poésie dans un de ses plaidoyers, disait lord Byron, que dans tous mes ouvrages. » Mais, semblable à un torrent qui se précipite, cette éloquence aurait eu besoin d'être contenue et épurée. Il arrivait à Curran de tomber du sublime dans le mauvais goût, la familiarité affectée et la froide plaisanterie. Je dirais, en parlant la langue d'Erskine, qu'il y a dans cette éloquence : « je ne sais quoi de sauvage et d'irrégulier »; mais elle est assez belle, assez puissante pour qu'il vaille mieux « l'accepter avec ses défauts que de s'en priver. »

C'est du reste un reproche que le goût français pourrait faire en général aux orateurs anglais; ils ne sentent pas quand ils ont assez dit, et ils craignent toujours de manquer de force ou d'éclat. Lorsqu'ils parlent de leurs orateurs, les Anglais ont toujours à la bouche le nom de Démosthène; on voudrait trouver plus souvent dans les contemporains et même dans les successeurs d'Erskine, la simplicité attique, qui est la perfection. Le caractère éminent et original d'Erskine a été d'unir toutes les qualités du génie

anglais et de les tempérer par un goût parfait et un sentiment délicat de la mesure. La hardiesse chez Erskine n'est
pas de la témérité, son éloquence n'est jamais de l'enflure ;
sa force ne s'abat point par son excès. Moins riche peut-
être que Curran, moins serré que Grattan, un autre de ses
rivaux, il les a surpassés tous les deux par l'heureux accord
des facultés les plus diverses. « S'il ne restait des discours
de Fox que des débris mutilés, on reconnaîtrait, disait
Erskine, les membres d'un géant. » Il opposait à cette éloquence une autre éloquence : « qui consiste surtout
dans la structure habile et la puissante harmonie du
discours, et qu'on peut comparer au corps humain dont les
dimensions ne dépassent point les dimensions ordinaires
de la nature, et dont la perfection consiste dans la symé-
trie et la beauté de toutes ses parties. » Erskine a ainsi dé-
crit de la façon la plus heureuse le caractère de sa propre
éloquence.

On ne se lasse pas, messieurs, d'étudier les plaidoyers
d'Erskine : son âme s'y est réfléchie tout entière. Vous savez
que le christianisme d'Erskine n'avait rien de l'âpreté ri-
gide et de la sombre tristesse du vieux protestantisme ;
qu'Erskine est de ceux qui ont cru à force d'aimer. C'est
un des traits de cette noble et douce figure, sur lequel il
me serait le plus agréable d'insister. Mais que vaudraient
toutes mes paroles auprès de la péroraison du plaidoyer
pour Stockdale ?

« Encore un mot, et j'ai fini. Tout tribunal humain doit
rendre la justice comme nous désirons qu'elle nous soit un
jour rendue à nous-mêmes. Or, s'il faut admettre les principes que l'attorney général veut qu'on applique à mon

client, que Dieu ait pitié de nous ! Au lieu de nous présenter devant lui avec les consolations et les espérances de chrétiens, nous devrons dire aux montagnes de se renverser sur nos têtes ; car, qui de nous, après un mûr examen, pourrait présenter une vie innocente et pure de toute souillure ? Mais j'espère humblement que notre miséricordieux Créateur nous jugera comme je désire que vous jugiez le prévenu ; qu'en ouvrant le livre de vie et considérant l'ensemble de nos actions, s'il découvre que la bienfaisance, la charité, la bonté, remplissent le fond de nos âmes, où lui seul peut lire, son œil scrutateur n'ira pas pénétrer les replis cachés de notre vie pour nous punir, sans égard à l'ensemble d'une existence dans laquelle les fautes sont quelquefois sorties des vertus elles-mêmes, et nos plus coupables offenses nées de nos plus pures affections. Non, messieurs, croyez-moi, telle n'est pas la justice divine, ou notre saint Évangile est un guide trompeur (1). »

La place d'un avocat qui avait rendu à la liberté de si grands services était marquée dans le Parlement anglais. Il y fut envoyé en 1783 par la ville de Portsmouth. C'était l'époque où Fox venait, par sa malheureuse union avec lord North, de compromettre sa popularité et de former ce ministère de coalition, qui dura si peu. Le roi le détestait et cherchait l'occasion de le renverser. Mais le parti whig, devenu puissant par son opposition à la guerre d'Amérique, appuyait Fox et dominait dans la chambre des communes.

Erskine était whig par sa naissance, ses idées, sa vie

____

(1) Stockdale fut acquitté.

entière. Il devint l'ami de Fox. La politique n'a jamais uni deux hommes d'une amitié plus étroite. Erskine aimait le caractère généreux, la cordiale franchise, l'éloquence élevée de Fox; il lui a survécu et a rendu à sa mémoire un bel hommage en écrivant sa vie et publiant ses discours. Un homme politique pouvait encore à cette époque changer de parti sans se déshonorer; la fidélité d'Erskine au parti qu'il avait embrassé mérite donc d'être honorée.

Il fit son premier discours pour appuyer le bill de l'Inde proposé par Fox. Cette redoutable question de l'Inde s'imposait à tous les ministères. Fox voulait soumettre la Compagnie des Indes au contrôle de commissaires élus par le Parlement. L'attente qu'avait excitée la réputation d'Erskine fut trompée; son discours fut froid et embarrassé. On raconte même que Pitt, qui voulait lui répondre, rejeta dédaigneusement le papier sur lequel il écrivait des notes. Cet incident, qu'on crut à tort préparé, acheva de troubler Erskine.

Au lieu de rechercher si la tribune politique exige des facultés plus hautes, un esprit plus étendu et plus vigoureux que le barreau, j'essayerai d'indiquer les raisons qui ont empêché Erskine d'égaler à la tribune la réputation qu'il s'était faite au barreau.

Il était mal à l'aise devant une assemblée toujours agitée, souvent hostile. Il avait besoin de la sympathie de l'auditoire et de l'intérêt dramatique qu'excite le sort d'un accusé. Il n'avait ni l'ardeur ni les talents d'un chef de parti; il avait trop de vanité pour se consoler d'un échec et il perdait l'occasion de le réparer.

On peut dire de la tribune politique ce que Loysel a dit

de la profession d'avocat « qu'elle veut son homme tout entier, » Que pouvait faire, dans une assemblée où parlaient Fox. Pitt, Burke, Shéridan, un avocat qui n'apportait que les restes d'une parole fatiguée par les luttes quotidiennes du barreau? Vous me direz, messieurs, qu'il est des hommes dont la parole toujours puissante agite à son gré l'âme des juges et conduit les grandes assemblées. Puis-je l'oublier ici? Mais, pour ces hommes rares, la postérité n'aura point assez d'éloges.

Dans ses discours à la Chambre des communes, Erskine eut souvent des éclairs d'éloquence, mais il ne gouverna jamais les assemblées par sa parole. C'est à la barre qu'il se retrouvait tout entier, en retrouvant les témoins de ses premiers succès : « *Coronam multiplicem, judicium erectum, crebras assensiones, multas admirationes, risum cum velit, cum velit fletum, in scena Roscium !* »

Le bill de l'Inde, qu'Erskine avait soutenu, fut voté par la Chambre des communes, mais rejeté par la Chambre des lords. Le ministère fut congédié ; Pitt devint premier ministre. Cependant le parti de Fox restait maître dans la Chambre des communes et cherchait les moyens d'empêcher la dissolution du parlement ; cette dissolution fut bientôt inévitable.

Erskine fit voter une adresse qui déclarait ennemi du pays quiconque conseillerait au roi de dissoudre le parlement. Il s'écartait tout à la fois des doctrines constitutionnelles et des conseils de la sagesse. L'opposition ne pouvait manquer de s'aliéner l'esprit de la nation en montrant une si grande frayeur d'être jugée par la nation. Pitt attendait, également habile à éviter des fautes et à profiter de celles de ses adversaires. Au commencement de l'année 1784, il n'hésita plus ; le parlement fut dissous. Cent soixante membres du parti whig perdirent leurs siéges. Erskine ne fut pas réélu.

Il ne rentra au parlement qu'en 1790.

La révolution française avait alors éclaté. L'Angleterre vit d'abord, avec plus d'émotion que de trouble, l'avénement de la France à la dignité de nation libre.

« Toutes nos pensées, écrivait Burke, sont suspendues par notre étonnement au surprenant spectacle qu'étale un pays voisin et rival. Quels spectateurs et quels acteurs ! L'Angleterre contemplant avec étonnement la France luttant pour la liberté, sans savoir s'il faut applaudir ou blâmer. »

Erskine vint à Paris. Le spectacle de l'Assemblée constituante, les grandes discussions, la confiance généreusement téméraire de ces hommes qui s'imaginaient que, pour gouverner un peuple, il suffit d'aimer passionnément la justice ; l'enthousiasme qui débordait dans les âmes, tout lui parut admirable. Ne lui demandez pas des vues profondes sur les causes et les conséquences de notre révolution ; ne lui demandez pas si l'établissement de la liberté sera facile au sein d'une nation qui a vu périr toutes les institutions gardiennes de la liberté ; à qui cinquante années de discussions philosophiques ont donné le goût et la force de commencer une révolution ; que plusieurs siècles de despotisme ont privée de l'expérience et de la sagesse qui termine les révolutions et en assure les bienfaits. Le présent était si beau, quand il le comparaît au passé, qu'il n'osait douter de l'avenir. Il n'aimait point la liberté d'un amour égoïste ; sachant qu'elle élève les hommes au-dessus d'eux-mêmes et qu'elle a élevé l'Angleterre au-dessus des nations, il se réjouissait que la France fût plus libre et plus grande.

Romilly, avocat anglais, contemporain d'Erskine, écrivait : « Erskine est parti violent démocrate ; il porte un habit jacobin, avec cette inscription sur les boutons : « Vivre libre ou mourir. » Il annonce qu'il le portera à la Chambre des communes. »

Mais en ce moment même la voix de Burke retentissait dans le parlement anglais. Burke jugeait avec une sévérité passionnée la prétention orgueilleuse d'isoler une nation de son passé, de la précipiter dans la liberté au lieu de l'y conduire par degrés, de fonder une constitution sur des idées, non sur des traditions.

Peut-être y a-t-il dans cette sévérité même beaucoup d'orgueil. La France a été plus malheureuse que coupable d'être privée de traditions libérales, et d'être réduite à la nécessité de refaire un jour son histoire. Burke, tout plein de la majesté des souvenirs, s'indignait qu'on osât comparer les révolutionnaires de 1688 et les révolutionnaires qui venaient de publier la déclaration des droits. Il résumait son jugement par ces paroles significatives : « Nous réclamons nos franchises, non comme les droits des hommes, mais comme les droits des hommes de l'Angleterre. »

Erskine, dans ses plaidoyers et ses discours politiques, a toujours affirmé, contre Burke, l'identité des principes qui ont dirigé les deux révolutions. Si on ne veut considérer que les procédés, les forces inégales et les résultats immédiats de ces deux révolutions, l'une faite avec l'appui

de l'Église et de l'aristocratie, s'aidant des institutions établies, s'obligeant par là même à les ménager ; l'autre faite
par le peuple contre l'aristocratie et contre le clergé, voulant fonder l'avenir sur les ruines du passé, Burke doit
triompher contre Erskine ; mais si on élève un peu plus
haut sa vue, si on cherche la place qu'occupent ces révolutions dans le mouvement général de l'humanité, on découvre avec Erskine qu'entreprises au nom des mêmes
idées et des mêmes besoins, elles ont poursuivi, quoique
avec des fortunes très-diverses, le même but, l'extension
de la liberté.

Erskine aurait voulu que la révolution française s'ap-
puyât tout à la fois sur des idées et des croyances ; mais
rassuré pour son pays contre les dangers de l'athéisme, qui
choquait la raison et les instincts de l'Angleterre, préoc-
cupé surtout des vices de la représentation nationale, il
pressentait le secours que l'Angleterre devait recevoir de la
révolution française pour terminer sa réforme. Il est mort
avant que cette réforme fût accomplie ; mais qui oserait dire
que la France n'a point aidé au triomphe définitif de l'esprit libéral en Angleterre ?

Les classes populaires s'agitaient ; l'Angleterre se cou-
vrait d'associations dont plusieurs étaient en correspon-
dance avec les clubs français. Il se trouvait, même en
Angleterre, des hommes qui, par goût de la nouveauté,
avaient la chimérique et criminelle pensée de renverser la
constitution, œuvre lente de plusieurs générations, de dé-
raciner du sol l'aristocratie, de convertir brusquement
l'Angleterre aux doctrines que la France commentait alors
d'une façon sanglante.

Erskine détestait ces folies qui compromettaient la liberté. Il aimait sincèrement la constitution anglaise, quoiqu'il lui ait un jour préféré la constitution américaine (1) ; il savait ce qu'elle a donné à l'Angleterre de liberté et de sécurité ; il savait qu'elle n'empêche aucuns progrès, qu'en les rendant seulement plus difficiles elle en assure mieux la durée ; il n'ignorait pas enfin les maux qu'entraîne toute révolution, même la plus légitime.

Il voulait que tout Anglais eût part aux affaires de son pays ; mais, au lieu de passer par une révolution pour aboutir à une réforme, il voulait par une réforme rendre toute révolution impossible.

« Le seul remède, écrivait-il, contre les mouvements populaires, est dans l'extension de tous les priviléges du peuple à la multitude... Voulez-vous une confiance sans bornes aux communes d'Angleterre? Que chaque homme qui repose sous un toit se dise avec un noble orgueil qu'il y est présent par députation.

« Devant une représentation robuste et générale, les factions sont comme les flots qui s'élèvent sur l'Océan et retombent insensiblement dans son sein (2). »

Il combattit toutes les mesures restrictives qui furent proposées par les ministres et votées par le parlement.

« Il s'agit de savoir, disait-il, si la constitution doit être défendue par la rigueur ou par ses propres maximes, si vous aimerez mieux vous aliéner le peuple, en faire un

(1) Plaidoyer pour Thomas Paine.

(2) *Considérations sur les causes et les conséquences de la guerre avec la France...* Cet écrit, publié en 1797, eut trente-sept éditions.

ennemi, que de le concilier par la confiance et l'affection (1). »

Les crimes qui désolaient la France remplissaient de tristesse le cœur d'Erskine. Mais il en rendait responsables la politique qui, pendant plusieurs siècles, avait privé la France de liberté et la politique de l'Angleterre qui avait déclaré la guerre au peuple français.

Erskine dénonça cette guerre comme un attentat au droit des nations. Il écrivit:

« Le prétexte d'une guerre, pour empêcher, comme on l'a allégué, la propagation d'opinions dont on craint la contagion, est absurde... La même raison devrait avoir ligué toutes les nations de tous les temps contre les changements progressifs qui ont conduit les hommes de la barbarie aux connaissances, du despotisme à la liberté (2). »

Puis il montrait que les nations catholiques auraient dû se coaliser jusqu'à ce que les réformés eussent abandonné les principes qui les conduisaient à des changements dans l'ordre civil, que l'Europe aurait dû faire la guerre jusqu'à ce que les prétentions des Stuarts l'eussent emporté sur la révolution d'Angleterre, enfin jusqu'à ce que Washington, « au lieu de rendre à la face de l'univers surpris et ravi d'admiration à un peuple vertueux et libre le droit et le devoir de se gouverner lui-même, » eût été mis à mort comme un traître.

Il ajoutait : « Si, au lieu d'encourager les princes de l'Europe à l'envahissement de cette nation dont la révolu-

(1) Discours à la Chambre des communes, en 1792, *Parliam. hist.*, xxx, p. 58.

(2) *Considérations sur les causes et conséquences de la guerre*, etc...

tion n'avait pas encore franchi ses propres limites, nous nous fussions déclarés son rempart contre leurs attaques, l'Europe ne serait pas dans l'état où elle se trouve... Louis XVI régnerait aujourd'hui paisible et glorieux sur un peuple fier de lui devoir son bonheur et sa liberté (1). »

« Quelles que soient, poursuivait-il, les conditions défini-tives de la tranquillité de l'Europe, l'ascendant réservé à la France dans le système politique européen ne peut manquer de répondre à la fertilité et à l'étendue de son terri-toire, à son immense population et au génie actif de ses habitants. Si l'Angleterre et la France s'unissaient l'une à l'autre par les liens d'une amitié fondée sur des principes généraux, la guerre serait bannie, pour un siècle, de la terre. »

Enfin, rappelant, énumérant les lois que les ministres avaient fait voter contre la liberté, au nom de la nécessité, il disait :

« Comment la guerre et les rigueurs qui l'ont toujours accompagnée pourraient-elles détourner le danger de la contagion des opinions? Comment espérer de rattacher à notre libre constitution les esprits prévenus contre elle en les privant de cette partie essentielle de liberté que tout gouvernement doit assurer à chaque individu? S'ils étaient mécontents de la constitution anglaise, était-ce un moyen de les rappeler à leur ancien zèle que d'atténuer les droits des jurés, d'altérer les lois sacrées d'Edouard III et de sus-pendre l'*habeas corpus* ?... (2).

(1) *Loco cit.*
(2) *Ibid.*

Fox et Erskine n'ont cessé de faire entendre ce noble langage. Ames généreuses qui, dans des temps difficiles, n'avez pas douté de la liberté, votre voix ne fut pas écoutée, vos avertissements furent méprisés, d'amères railleries ne vous furent pas épargnées, on osa même suspecter vos intentions. Mais qui voudrait encore vous accuser d'erreur ? Ce n'est pas s'être trompé que d'avoir eu foi dans les instincts généreux de la nation et la puissance de la liberté !

Pitt, libéral par talent, avait été forcé, pour garder le ministère, de se mettre à la tête de la réaction. Le parti whig s'était divisé. Des libéraux sincères, qui aimaient la révolution de 1688, qui avaient réclamé la réforme du parlement anglais, mais qui jugeaient nécessaire d'ajourner leurs espérances, s'unissaient aux tories, au parti des amis du roi et aux vieux débris du jacobitisme. De tous ces éléments divers se formait, sous la main de Pitt, un parti puissant qui allait devenir dangereux à la liberté.

C'est l'utilité des partis qu'en empêchant le gouvernement de s'endormir dans une oisive sécurité, en l'obligeant à la lutte, ils empêchent la liberté de périr. Qu'est-ce en effet que la liberté, suivant la belle parole de M. de Serres, sinon la perpétuité de la lutte ?

Le parti whig était réduit à l'impuissance. Fox ne comptait plus à ses côtés que soixante membres dans la Chambre des communes. En 1798, découragé, il cessa de paraître aux séances. Erskine le suivit dans cette retraite qui fut, et je crois avec raison, sévèrement blâmée.

Macaulay (1) a fait une énergique peinture de l'effroi qui

(1) *Vie de William Pitt.*

s'empara de l'Angleterre. « Tout ce qui possédait un toit sur sa tête et un bon habit sur ses épaules » se réfugia par peur sous l'autorité des ministres. Et vous savez, messieurs, que la peur se tourne aisément en servitude.

L'Angleterre souffrit plus de ses craintes que de ses dangers. Les extravagances coupables des démagogues anglais ne mirent pas en un sérieux péril l'aristocratie, l'Eglise, la propriété. Mais les ministres ne travaillaient guère à détruire les craintes qui faisaient leur puissance.

Dans sa conduite, Erskine fut aussi hardi que dans ses paroles. Il entra avec Grey et Whitbread dans la *Société des amis du peuple* qui s'était fondée pour réclamer la réforme. Fox plus prudent s'abstint. Peut-être Erskine ne s'effrayait pas assez d'être confondu avec les hommes qui voulaient la destruction violente des lois anglaises. Mais le rôle de l'opposition était difficile. Il fallait défendre la liberté, en ne s'appuyant que sur les principes; il fallait repousser toute solidarité avec des hommes qu'on était forcé de protéger contre les excès de la réaction.

Erskine se consolait de la ruine de son parti en sauvant la vie des accusés politiques par d'admirables plaidoiries.

Le livre de Burke sur la révolution française avait excité une ardente polémique. Thomas Paine, qui avait été secrétaire du congrès américain, devenu membre de la convention française, publia un livre intitulé les *Droits de l'homme*. C'était une apologie hautaine des principes et des violences de la révolution française, un audacieux défi à l'aristocratie anglaise. Paine fut poursuivi.

Erskine vit une sorte de conspiration formée pour priver Paine du bénéfice de la défense. Il voulut le défendre. En vain ses amis lui représentèrent qu'il prêtait l'autorité de son talent à des maximes dangereuses ; en vain le prince de Galles, dont il était chancelier, lui demanda sa démission, s'il persistait à défendre Paine ; en vain les journaux l'accablèrent d'injurieuses invectives. Il répondit avec une éloquente simplicité : « Du moment où il serait permis à un avocat de dire qu'il veut ou ne veut pas se placer entre l'accusation et l'homme traduit devant une cour criminelle, il n'y aurait plus de liberté en Angleterre. L'avocat qui refuse de défendre un accusé sur ce qu'il pense des charges produites contre lui, usurpe le caractère du juge et l'usurpe avant l'heure du jugement (1). »

Dans son plaidoyer, il s'efforça de démontrer que Paine avait été sincère, qu'il s'était trompé et qu'il n'avait pas voulu égarer ses concitoyens.

Il réfuta cette doctrine de Burke qu'une nation n'a pas droit de changer sa constitution, qu'une constitution est un véritable contrat qui ne peut être détruit que par le consentement unanime des intéressés. Après avoir rétabli le droit de la nation, Erskine en fit découler le droit qu'a tout citoyen, en Angleterre, de discuter les principes de la constitution, « d'en signaler les vices, d'employer toutes les facultés de son intelligence à démontrer les changements avantageux que réclament des institutions qu'il regarde comme radicalement mauvaises ou comme corrompues par les abus. » « Ce droit, tout Anglais peut l'exercer, s'il ne

____

(1) Plaidoyer pour Paine.

cherche qu'à faire passer dans les esprits une conviction puisée dans des raisonnements dictés par la conscience. »

« Sans ce droit inaliénable, comment se fût jamais établie cette constitution qui fait notre orgueil? Si dans la marche de l'esprit humain, nul homme ne pouvait devancer son siècle, comment notre pays aurait-il pu devenir, après de nombreux changements, ce qu'il est aujourd'hui ? S'il ne se fût pas rencontré un seul écrivain qui eût entrepris de nous éclairer sur les erreurs et les abus de notre gouvernement, comment l'Angleterre aurait-elle pu passer successivement et à travers tant de réformes et de révolutions de l'état de barbarie à l'état de grandeur et de prospérité dont elle jouit aujourd'hui, cet état si parfait que M. l'attorney général regarde comme une profanation de vouloir y faire quelque changement? C'est ainsi que le pouvoir a raisonné dans tous les siècles. Tout gouvernement se crut toujours le système le plus accompli ; mais aussi toujours une presse libre a dévoilé ses erreurs, et de temps en temps le peuple les corrige. »

Erskine fit voir ensuite que ce droit avait toujours été exercé en Angleterre et que Burke lui-même l'avait autrefois réclamé. Paine, messieurs, fut condamné.

Quelques années plus tard il publia un nouvel écrit: *l'Age de raison*, attaque violente et injurieuse contre toutes les religions révélées. Cette fois il fut poursuivi, non par le gouvernement, mais par Erskine lui-même. Ne vous étonnez pas, messieurs, c'est encore une preuve de la sincérité des convictions d'Erskine. Si Paine s'était borné à une discussion modérée des principes du christianisme, Erskine ne l'aurait pas poursuivi.

Mais Paine avait mis dans son livre plus d'injures que de raisonnements. Erskine s'efforça de marquer avec précision les limites d'une discussion honnête.

« Je n'ai point d'objections à faire à la discussion la plus libre et la plus étendue sur les points fondamentaux de la religion chrétienne, pourvu qu'elle soit décente et respectueuse. Un ouvrage spéculatif, quelles que soient ses erreurs, adressé au monde des penseurs, sur des questions aussi graves et aussi complexes, ne saurait produire le mal dont nous voulons prévenir la contagion. Une semblable composition excitera les esprits à creuser un sujet digne de leurs méditations. Ces rencontres d'intelligences sont autant de pas dans l'avenue du progrès... »

Vous n'oublierez pas, messieurs, que l'avocat, qui reconnaissait en des termes si élevés l'utilité de la libre discussion, était un chrétien profondément convaincu, assez convaincu pour ne pas réclamer en faveur de ses croyances la sauvegarde impuissante du silence.

Il y a, dans le plaidoyer d'Erskine, de très-belles pages sur l'origine du christianisme, sur les progrès qu'il a réalisés dans le monde.

« En ce qui me regarde, disait-il, j'ai toujours été attaché de cœur aux vertus du christianisme. Quoique pieusement élevé, ce n'est pas à des préjugés d'éducation que je dois mon inébranlable foi dans les promesses de l'Évangile. Elle s'est développée et fortifiée en moi par le travail des réflexions les plus continues dans mon âge mûr et en possession de ma pleine intelligence. Elle est la consolation, l'aliment, l'espoir de toute ma vie. Aussi, n'est-ce pas sans une vive douleur que j'assiste à ces attaques dirigées contre le christianisme par des écrivains qui se donnent pour les promoteurs des libertés civiles du monde. Sous quels autres auspices que ceux du christianisme les libertés du monde, autrefois perdues, ont-elles été reconquises? Quelle œuvre de civilisation, quelle grande communauté sociale cette religion de la nature a-t-elle jamais établie? Ne voyons-nous pas les peuples, qui n'ont eu pour la diriger d'autres lumières que celles de la nature, enfouis dans la barbarie ou bien esclaves de gouvernements arbitraires, tandis que les nations qui vivent sous la dispensation des grâces chrétiennes s'avancent chaque jour, suivant les destinées qui leur ont été promises, vers un état de plus en plus heureux ? (1) »

C'est, de tous ses plaidoyers, celui qu'Erskine préférait. « J'aimerais mieux, disait-il, voir détruits tous mes autres discours qu'une page de celui-ci (2). »

En 1794, la réaction devint terrible en Angleterre. Les poursuites qu'exerçait le gouvernement ne suffisaient plus à rassurer les citoyens. Partout s'organisèrent, dans les campagnes et dans les villes, des sociétés pour combattre les idées révolutionnaires. Les membres de ces associations siégeaient dans le jury et composaient les cours de comté. En admirant ce zèle et cette puissance des citoyens libres pour

(1) Erskine a écrit une apologie du christianisme ; c'est au nom de leur bonheur qu'il veut réconcilier les incrédules avec l'idée de Dieu. Il lui était impossible d'isoler la morale de Dieu et du christianisme. « La perfection de notre caractère, écrivait-il, dépend de celle de l'impression que nous aurons reçue de l'Évangile. » Le grand effort d'Erskine était de montrer une connexion entre les preuves morales ou extrinsèques et l'évidence intrinsèque du christianisme.

(2) Le jury déclara Paine coupable;

veiller à leur défense, on frémit des dangers que courait la liberté. Quand chaque citoyen devient accusateur, que devient l'impartialité du juge?

Aussi en Ecosse, où les mœurs et les institutions libérales étaient moins puissantes qu'en Angleterre, la réaction se livra à de sanglants excès. Henri Erskine, frère de Thomas Erskine, avocat à Edimbourg, s'honora par de nobles efforts, une rare honnêteté et une grande éloquence.

En Angleterre même, il était devenu dangereux de manifester publiquement son opinion. Des espions pénétraient dans les maisons ou écoutaient aux portes. Un malheureux attorney, John Frost, qui, échauffé par le vin, avait laissé échapper quelques paroles imprudentes, fut, malgré l'éloquence d'Erskine, condamné au pilori, à l'emprisonnement et à la ruine.

Les ministres avaient souvent dénoncé l'existence d'une vaste conspiration contre la monarchie. Ils se décidèrent enfin à saisir les papiers de plusieurs associations. Douze personnes furent arrêtées. Le parlement suspendit l'*habeas corpus* et déclara qu'une « conspiration détestable avait été formée pour renverser les lois et la constitution et introduire le système d'anarchie et de confusion qui avait prévalu en France. » C'était comme une condamnation anticipée qui tombait sur les malheureux prisonniers.

Ils étaient coupables, mais leur folie méritait plus de pitié que de colère (1). Le premier prisonnier qui comparut devant le jury fut Thomas Hardy, simple ouvrier

---

(1) Pour faire juger de leur violence, je copie une de leurs proclamations, sous forme d'affiche de théâtre : « Au bénéfice de John Bull, la *Guillotine ou la tête de Georges dans le panier.*

cordonnier, secrétaire de l'*Association de la Réforme*. Erskine le défendit. Ç'a été la plus émouvante lutte judiciaire du siècle. L'excitation du peuple était extrême. Le procès s'ouvrit avec solennité et dura pendant dix jours. Erskine déploya une habileté, un tact, une verve admirables. Il réussit à affaiblir toutes les dépositions.

L'attorney général parla durant neuf heures, avec force et éloquence. Depuis ce temps, messieurs, l'éloquence des attorneys généraux s'est enfermée dans de plus étroites limites; ils veulent seulement avoir raison et se souviennent de l'observation que fit un juré à l'occasion de ce procès. « Quand même les preuves auraient été plus convaincantes, j'aurais eu beaucoup de peine à condamner des hommes pour un crime qu'il avait fallu neuf heures pour expliquer. »

Erskine fut aussi habile que hardi. Il rendit hommage à la constitution, réprouva les crimes de la révolution française, mais s'éleva contre la coalition, contre la politique du ministère et revendiqua pour lui-même plusieurs des doctrines qu'on reprochait à l'accusé. Il traça avec éloquence le tableau comparé des malheurs de la France et de la sécurité de l'Angleterre et fit ressortir la nécessité de fortifier encore la liberté en Angleterre et surtout d'accorder à l'accusé, victime de ses erreurs, une miséricordieuse justice.

Les forces d'Erskine étaient brisées par la fatigue et l'émotion. Il acheva son discours à voix basse, appuyé sur le banc des jurés. Autour de Westminster était une foule immense et anxieuse. Quand Erskine eut fini de parler, un frémissement courut dans cette foule, les poitrines se soulevèrent, des acclamations retentirent. Erskine sortit :

il dit à la foule de se confier à la justice, et lui rappela que la sécurité de tout Anglais est dans les lois de son pays ; essayer d'intimider le jury, ce serait non-seulement insulter à la justice, mais mettre en danger la vie de l'accusé.» La foule se dispersa en silence. Hardy fut acquitté.

Deux autres prisonniers, Took et Thelwall furent également défendus par Erskine et obtinrent leur acquittement. Les autres furent immédiatement mis en liberté.

S'il faut juger le résultat de ces procès, je n'hésiterai pas à proclamer la sagesse des jurés anglais (1).

Supposez que Hardy et ses complices eussent été livrés au bourreau. Qui peut prévoir les extrémités où se serait portée l'irritation populaire? qui peut dire où se serait arrêtée la politique imprudente du ministère qui, déjà maître du Parlement, serait devenu par ce verdict, maître de la nation? Le peuple anglais fut rassuré en voyant que les jurés avaient une raison assez haute pour acquitter des hommes à demi coupables; il comprit que le jury, fidèle à sa mission, était le refuge des partis vaincus. Des hommes, qui condamnés eussent excité la pitié, ne recueillirent que le mépris. De grands malheurs furent évités. Dans ces épreuves, l'Angleterre n'a perdu ni sa force ni sa dignité. Elle a même vu disparaître le parti des *amis du roi*

(1) Lord Brougham dit avec un peu d'exagération, croyons-nous, à l'occasion de ces procès :

« Si nous avons encore le pouvoir de discuter librement les actes de nos gouvernements, si nous avons le droit de nous réunir pour provoquer les réformes nécessaires, si celui qui veut faire quelque changement dans notre constitution, est reconnu pour un patriote, au lieu d'être livré à la mort des traîtres, reconnaissons que c'est à Erskine, après Dieu, que nous devons ce bonheur. »

qui aurait pu mener la monarchie à sa ruine, et se former le grand parti du torisme constitutionnel qui l'a gouvernée jusqu'en 1830.

Ce fut le plus bel instant de la vie d'Erskine. Il était illustre, aimé du peuple qui le proclamait son sauveur et dételait ses chevaux pour traîner sa voiture, vengé des sarcasmes de Pitt.

Il me semble les voir, ces deux hommes, Pitt et Erskine. Tous deux n'ont eu qu'une passion, mais grande : l'un a voulu gouverner ses contemporains, l'autre les rendre libres. C'est par l'éloquence qu'ils ont voulu tous deux agir sur les âmes. Mais Pitt avait une volonté plus énergique qui se roidissait contre les obstacles; Erskine avait ce suprême attrait de la grâce qui s'abandonne et cette puissance de l'âme qui se communique. Pitt avait plus d'orgueil, Erskine de vanité; mais tandis qu'Erskine faisait aimer même ses défauts, l'orgueil de Pitt était solitaire. Erskine s'enivrait de la popularité; il écoutait avec ravissement les acclamations de la foule, il ne dédaignait même pas les faveurs des cours. Pitt refusa tous les honneurs et ne voulut être que William Pitt.

Il y a, messieurs, dans la vie de tout avocat, des tristesses que ne peuvent effacer les plus brillants succès. Depuis vingt ans, Erskine avait parlé dans tous les procès politiques. Il disait plaisamment qu'il avait reçu une commission générale pour défendre les accusés politiques, mais que le greffier de la cour la lui cachait. Sa parole n'avait pas toujours réussi à sauver ses clients. C'est ainsi qu'il ne put empêcher la condamnation des rédacteurs du *Courrier* qui avaient parlé d'une façon très-innocente d'une mesure du gouvernement russe, préjudiciable au commerce anglais.

Il exerça dans ce procès sa verve ironique. Après avoir parlé de l'éloignement de la Russie et du danger que faisaient courir à ce grand empire deux lignes écrites en Angleterre, il ajouta : « Si cette accusation réussit, je m'attends à voir bientôt poursuivre quelque écrivain qui aura malicieusement essayé de troubler les lois de la gravitation et de créer une grande insurrection parmi les planètes, qui aura publié que Saturne ne dépend pas du système solaire ou qu'il n'a que quatre satellites au lieu de cinq. » Il rappela le mot charmant de Milton qui dans son *Areopagita*, compare la folie de vouloir arrêter toute parole imprudente à la folie de ce sage gentilhomme campagnard qui fit élever les murs de son parc pour empêcher les corbeaux d'y entrer. Tout fut inutile; le rédacteur du *Courrier* fut condamné à six mois d'emprisonnement.

Dans les procès politiques, Erskine ne séparait jamais l'avocat du citoyen :

« En ces procès, disait-il, le devoir du citoyen s'unit aux obligations du défenseur; il se déshonorerait lui-même, il avilirait sa profession et trahirait son pays, s'il ne descendait personnellement dans la carrière, s'il ne vengeait les droits de ses concitoyens attaqués dans l'accusé qu'il défend. »

Erskine disait avec tristesse que le souvenir de la condamnation prononcée contre le *Courrier* pèserait toujours sur sa mémoire.

Le dernier procès politique dans lequel Erskine ait parlé est celui d'Hatfield, un malheureux insensé qui avait tenté d'assassiner le roi. L'exorde de ce plaidoyer a été traduit par Mme de Staël dans son livre sur la Révolution française. Vous l'avez tous lu. Erskine envisagea avec fermeté le redoutable problème de la responsabilité morale d'un accusé. Son plaidoyer n'a cessé d'être étudié par les avocats anglais comme un modèle d'étude psychologique et juridique. Le président, lord Kennyon, qui avait été sévère pour l'accusé pendant les débats, demeura convaincu de l'innocence d'Hatfield et, avec l'impartialité qui est l honneur des magistrats anglais, il pria l'attorney général, lord Redesdale, de ne pas répliquer. Hatfield fut immédiatement acquitté.

Dans les procès civils, Erskine n'avait pas moins de succès que dans les procès politiques. S'il faisait surtout éclater son talent dans ces admirables expositions qui sont comme des monuments de la liberté anglaise, il savait abaisser son éloquence aux tons les plus doux. La loi anglaise permet, ordonne même au mari qui veut obtenir le divorce de poursuivre judiciairement le séducteur de sa femme. Erskine excellait dans ces procès. Aucun avocat n'a parlé avec une tendresse plus charmante du bonheur domestique, avec une énergie plus saisissante des angoisses de l'homme qui contemple son bonheur détruit, de la lutte entre le cœur qui a besoin de douter et la raison forcée de croire. Un jour, en récitant quelques vers de l'Otello de Shakspeare, comme il savait réciter, il émut les auditeurs jusqu'aux larmes. Le jury ne pouvait lui refuser aucune condamnation.

Si nous essayons, messieurs, de rassembler en un tableau les qualités de cet avocat, nous y verrons la hardiesse réglée, le goût qui manque à ses contemporains, un mélange singulier de force et de tendresse, une alliance du sentiment religieux et du sentiment libéral moins rare en Angleterre que dans d'autres pays, une grande puissance d'argumentation, un talent remarquable d'exposition, l'imagination la plus brillante et cette émotion qui donne la vie à toutes les paroles de l'orateur.

Les Anglais vantent l'élégance de son style ; c'est de tous les mérites d'Erskine celui qu'il est le plus difficile à un étranger de juger.

Erskine avait dans le débat toutes les qualités de l'avocat ; la promptitude d'esprit nécessaire à l'avocat anglais pour interroger les témoins, le sang-froid qui répare les fautes, la sûreté de jugement qui empêche de les commettre, la mémoire, la verve ironique, dont il n'abusait jamais, enfin un tact exquis pour deviner les secrètes impressions des juges et s'insinuer dans leurs cœurs. Les incidents les plus imprévus semblaient préparés, tant il se servait habilement des occasions que le hasard ou ses adversaires lui présentaient.

En voyant dans la salle de Lincoln's inn la statue élevée à la mémoire d'Erskine par la reconnaissance des avocats anglais, j'essayai de me le représenter tel qu'il parut aux yeux de ses contemporains. Dans le visage noble et régulier, dans l'attitude fière et imposante, dans le geste contenu, c'est la force qui domine, mais la force maîtresse d'elle-même et tempérée par la grâce et la sérénité.

Il savait le parti que peut tirer un orateur des avantages

extérieurs. Sa voix était claire, harmonieuse, flexible ; elle manquait un peu de force et d'étendue ; mais il s'en servait avec art. Son regard était d'une douceur si pénétrante qu'on n'en pouvait détacher les yeux ; ce regard était toute une âme.

Erskine était avec les magistrats respectueux et plein de déférence, excepté quand il a cru les droits de l'avocat menacés. Il se faisait aimer de ses confrères par la douceur, l'aménité, la brusquerie charmante de sa vive nature. Même dans les procès politiques, il n'a jamais été injuste ou dur envers ses adversaires. Il se plaisait à rendre aux avocats de la couronne cette justice que s'ils faisaient peser sur l'accusé le poids de leur talent, ils ne l'accablaient jamais de l'éclat et de l'autorité de leurs fonctions.

Il est intéressant de savoir ce que pensait Erskine de ses propres discours et d'apprendre de lui-même qu'ils étaient improvisés. Voici une lettre qu'il adressait au docteur Parr, un de ses amis, en lui envoyant le recueil de ses plaidoyers.

« ... J'ai peur du sévère jugement d'un homme qui a toujours présent à l'esprit les anciens... Mon espoir est que vous vous laisserez aller à approuver en vous souvenant que c'est la cause de notre chère et glorieuse patrie qui est plaidée dans ces discours par votre vieil et sincère ami, que ces discours n'ont pas été composés d'avance, encore moins écrits après coup ; tous ont été, dans la force du mot et littéralement improvisés et n'ont été conservés que par la sténographie... »

Le ministère de Pitt, qui avait duré dix-huit ans, tomba en 1801. Pitt voulait émanciper les catholiques. Le roi crut sa conscience engagée ; il était d'ailleurs fatigué de l'ascendant impérieux de son ministre. Pitt fut remplacé par Addington, depuis lord Sidmouth, qui, sans grands talents et sans l'appui de la nation, put, grâce à l'influence du roi, résister pendant trois ans à l'opposition de Pitt et de Fox.

En 1802 fut signée la paix d'Amiens qui ne fut qu'une trêve; Erskine accompagna Fox dans le voyage qu'il fit en France. La tribune était muette ; au bruit des discussions avait succédé le bruit des armes ; à l'enthousiasme de la liberté l'enthousiasme de la gloire militaire : tout était changé (1).

La guerre éclata de nouveau en 1803. L'Angleterre, menacée d'une invasion, eut un bel élan de patriotisme. Le sol porta des régiments de volontaires. Il y en eut un qui ne fut composé que d'avocats, et dont Erskine devint le colonel.

L'année suivante Pitt revint au ministère, en promettant au roi de ne plus soulever la question catholique; mais épuisé par son activité dévorante, le grand ministre mourut en apprenant la bataille d'Austerlitz. Le roi fut contraint d'accepter lord Grenville et Fox pour premiers ministres. Ce ministère, qui comprenait Grey et Sheridan fut nommé ministère de *tous les talents*. Erskine devint chancelier et lord d'Angleterre.

(1) Un secrétaire de Fox, Trottet, a raconté d'une façon piquante la présentation d'Erskine au premier consul. Le nom d'Erskine ne rappelait rien à Bonaparte. M. de Talleyrand demanda vivement au chargé d'affaires anglais : parle-t-il français? Bonaparte, saisissant quelques mots au passage, dit à Erskine avec indifférence : « Vous êtes légiste ? »
La vérité de cette anecdote très-vraisemblable a été contestée récemment par le fils même d'Erskine.

Il était, disent les Anglais, mal préparé aux difficiles fonctions de chancelier. Il lui manquait la science large et profonde du droit. Un chancelier doit unir aux qualités de l'homme politique les qualités du magistrat et les vues du législateur. Car il préside dans la Chambre des lords les discussions où la loi se prépare; dans la cour de chancellerie, il applique la loi, et quand elle est muette, il supplée à son silence. Erskine avait la volonté de bien juger; il écoutait avec patience, il était impartial ; en outre il faisait aimer son autorité, et j'estime, messieurs, que nous devons de la reconnaissance aux hommes qui nous permettent de ne point séparer notre affection de notre respect.

Erskine présida, dans la Chambre des lords, le procès de lord Melville qui avait été collègue de Pitt. On ne peut trop admirer l'impartialité ferme et digne que montra le chancelier; il força la Cour à observer religieusement les formes judiciaires. Melville lui dut peut-être son acquittement (1).

La mort de Fox ébranla le ministère. Il tomba en 1807. Les ministres s'étaient crus assez forts pour préparer un bill sur la question catholique. Le roi voulut qu'ils renonçassent à leur projet et s'engageassent à ne pas le reprendre. Ils aimèrent mieux se retirer. Erskine, qui désapprouvait le bill et qui n'avait pas caché son opinion au roi, ne se sépara point de ses collègues. Mais il éleva dans la Chambre des

______

(1) Dans le cabinet et dans la chambre, l'influence d'Erskine ne fut pas décisive.

Il eut l'honneur de présenter le bill qui abolissait l'esclavage dans les colonies anglaises.

lords une éloquente protestation contre la prétention du roi d'exiger un engagement de ses ministres. « Ceux qui ont solennellement juré de donner des conseils complets et impartiaux et qui sont responsables envers le public de leur conduite, ne doivent pas être parqués dans un coin de leurs devoirs et de leur juridiction : l'Etat pourrait aller à sa perte. » Il ajoutait en parlant de la responsabilité personnelle du roi : « Le roi ne peut accomplir par lui-même aucun acte de gouvernement, et nul dans la chambre ne devrait être admis à déclarer que tel ou tel acte de gouvernement émane de la volonté et résolution particulière ou de la conscience du roi. Le roi, comme premier magistrat, ne peut avoir qu'une conscience confiée en dépôt à des sujets responsables. »

La Chambre des lords de 1807 refusa de s'associer à cette protestation.

Erskine profita de ses loisirs pour se livrer à sa nature avide de distractions mondaines. « L'ambition, suivant le mot de Vauvenargues, avait exilé les plaisirs. » Il les rappela.

Dans la société anglaise polie, distinguée, mais un peu froide, Erskine était un causeur spirituel, incisif, plein de verve ; il avait dans l'esprit plus de singularité que de finesse véritable. Les traits qu'on a retenus de lui et le recueil des bons mots, dont il égayait parfois ses plaidoieries, vous paraîtraient fades, ennuyeux ou de mauvais goût.

Il avait un grand défaut : il ne savait pas écouter et il ne tarissait pas sur ses propres succès. « L'esprit de la conversation, a dit La Bruyère, consiste moins à en montrer beaucoup qu'à en faire trouver aux autres ; celui qui sort de votre entretien content de soi et de son esprit l'est de vous parfaitement. »

Que de gens sont sortis mécontents de leurs entretiens avec Erskine !

On lit par exemple dans le journal de lord Byron : « Aujourd'hui belle compagnie de lords, de ladies et de beaux esprits. Erskine bon, mais insupportable. Il plaisantait, bavardait, faisant tout admirablement, mais voulant être applaudi deux fois pour une. Il voulait lire ses vers, raconter ses histoires. Et toujours le jugement par jurés (1) ! ! ! J'aurais presque souhaité le voir aboli ; car j'étais près de lui à table. J'avais lu ses discours, ce qui lui a enlevé l'occasion de me les répéter. »

Du reste, Erskine parlait de lui-même avec tant de naïveté, de bonhomie, que l'envie était désarmée. Comment avoir de la rancune contre un homme qui avait presque autant de vanité pour les autres que pour lui-même ? Le silence que nous gardons sur nos mérites n'est souvent que le prix dont nous payons le droit de nous taire sur les mérites de nos rivaux. Erskine parlait aussi volontiers des succès de ses amis que des siens propres ; il savait même rendre justice à ses adversaires, à Burke surtout qui l'accablait de ses dédains (2).

(1) Erskine ne pouvait répondre à un toast, sans parler du jury. On s'en divertissait fort. Le duc de Wellington raconte à ce sujet une plaisante anecdote. Au diner du lord-maire en 1805, Pitt était à côté d'Erskine. On but à la santé d'Erskine. Il se levait pour répondre. Pitt lui dit à demi-voix : « Souvenez-vous, Erskine, que l'on boit à votre santé en qualité de brillant colonel des volontaires. »

(2) Puis-je raconter les bizarres fantaisies où se délassait ce grand esprit ?

Il avait toujours eu pour les bêtes une tendresse singulière. Un jour étant chancelier, il vit un pauvre chien qu'on disait enragé et qu'on vou-

« On trouve, a dit Tacite, dans l'inaction même, certaines délices, et l'oisiveté, d'abord odieuse, finit par avoir des charmes (1). » Erskine était moins assidu aux séances du parlement. Cependant il parla contre le bombardement de Copenhague, contre le bill qui prohibait l'importation du quinquina en France, contre les mesures rigoureuses qui furent votées après le triomphe de la Sainte-Alliance. Sa voix était moins écoutée. Il avait conscience de sa faiblesse.

« Je désespère, disait-il à la chambre, en 1819, de faire aucune impression par tout ce que je pourrais dire. Cette pensée m'empêche de parler comme je devrais. J'ai toujours été habitué, durant la plus grande partie de ma vie, à être excité par l'espoir que je ne parlais pas en vain. Sans cet espoir, il ne peut y avoir de chaleur dans le discours. »

Il termina sa carrière par un acte d'indépendance. Il avait été l'ami de Georges IV. Quand eut lieu le procès tristement célèbre de la reine Caroline, il réclama énergiquement en sa faveur tous les droits de la libre défense.

Ses dernières années s'écoulèrent tristement. Il avait compromis sa fortune dans des spéculations mal conçues et mal dirigées. En 1823, ses forces s'affaiblirent (2). Il

lait assommer, il le prit dans ses bras et le porta, à travers les rues de Londres, jusqu'à sa maison.

Sa maison était une véritable ménagerie : il avait des oies favorites et jusqu'à deux sangsues auxquelles il avait donné les noms de deux chirurgiens célèbres et dont les évolutions, plus ou moins rapides, lui servaient à prédire à ses clients le gain ou la perte de leur procès.

En 1810 il proposa un bill pour punir les mauvais traitements contre les animaux ; ce bill ne fut voté que quelques années plus tard.

(1) *Vie d'Agricola.*

(2) Il disait un jour au parlement qu'ayant été avocat pendant vingt-huit ans, il n'avait jamais été empêché par aucune indisposition.

voulut aller par mer en Ecosse chez la veuve de son frère Henri. Le mal le saisit en route. Il mourut en arrivant.

Ses funérailles furent célébrées sans pompe, suivant le rite presbytérien. Mais l'Angleterre a élevé des statues à sa mémoire, et cette mémoire vit dans tous les cœurs.

En me chargeant, messieurs, de vous raconter cette vie, le Conseil de notre ordre a voulu que les enseignements qui en découlent ne fussent point perdus. Laissez-moi emprunter la parole énergique et fière d'un orateur anglais, lord Brougham :

« Cette vie a prouvé qu'une basse et servile soumission au pouvoir n'est point, même en des temps corrompus, l'indispensable condition du succès... Cette vie a montré quelle est la puissance d'un homme contre la corruption de son siècle et ce que doit attendre la liberté publique de l'habileté secondée par le courage. Tant que les juges seront surveillés par les regards scrutateurs d'un barreau éclairé et d'un public jaloux de ses droits ; tant que le jury pourra connaître et exercer ses nobles fonctions, que le ciel nous conserve un seul avocat éloquent et honnête, et, advienne que pourra, notre sûreté demeurera inviolable, dût notre constitution entière s'engloutir dans le grand naufrage de toutes nos libertés. »

Retenez ces paroles, messieurs, car si lord Brougham a raison, s'il est vrai que, de toutes les garanties qu'a imaginées le génie politique de l'Angleterre pour la défense de la liberté, le jury est la plus efficace et la plus nécessaire, il faut plaindre les nations qui, avant d'avoir conquis cette garantie ou après l'avoir perdue, s'endormiraient dans une coupable indifférence.

C'est l'honneur de notre profession que nous considérons comme nos ancêtres les hommes qui, dans tous les temps et dans tous les pays, ont mis au service de la justice une parole éloquente et sincère.

Par ses vertus, par son éloquence, Erskine est un de nos ancêtres.

Gardons fidèlement le culte des pures renommées. Dans tous les siècles, et surtout dans le nôtre, la nature commence de beaux caractères; mais que rarement elle les achève!

L'admiration, ce besoin des âmes généreuses, le plus pur de tous les plaisirs, mériterait d'être une vertu ; car, là où elle manque, tout s'affaisse, tout languit et tout meurt.

N'oublions pas, messieurs, qu'en nous imposant l'heureuse nécessité d'écouter chaque année le récit des vertus de nos ancêtres, nous nous sommes interdit de laisser périr les glorieuses traditions qu'ils nous ont léguées.

Contraste insuffisant

NF Z **43**-120-14